**Publicações Dom Quixote**
Edifício Arcis
Rua Ivone Silva, n.º 6 – 2.º
1050-124 Lisboa · Portugal


**Revisão:** Manuel Coelho
**Design:** José Maria Nolasco
**1.ª edição:** Outubro de 2006
**Depósito legal n.º** 245 961/06
**Pré-impressão:** 4b Atelier de design – quatrob@4b.mail.pt
**Impressão e acabamento:** Printer Portuguesa
**ISBN:** 972-20-3134-1

O MEU PRIMEIRO

# FERNANDO PESSOA

Manuela Júdice
texto

Pedro Proença
ilustrações

DOM QUIXOTE

*Para os meus netos Emma, Matilde e Diogo.*

Ia começar o Verão de 1888 quando, a 13 de Junho, nasceu em Lisboa um menino a quem deram o nome de Fernando António porque tinha nascido no dia de Santo António. Perto do prédio onde morava havia uma igreja, a Igreja dos Mártires, cujos sinos Fernando Pessoa ouvia tocar quando era pequeno. Muito mais tarde, Fernando lembrava-se do som desses sinos e descrevia-o num poema.

*Oh sino da minha aldeia,*
*Dolente na tarde calma,*
*Cada tua badalada*
*Soa dentro da minha alma*
...

O pai era o Senhor Joaquim Pessoa e a mãe a Senhora Dona Madalena Pessoa que gostavam muito de música: o pai era crítico musical e a mãe tocava piano. Moravam no Chiado, em frente do Teatro de São Carlos, onde, naquela época, aconteciam os grandes espectáculos musicais. Fernando cresceu ouvindo a mãe a tocar piano e a ler. E deve ter sido assim que este menino se tornou um grande poeta. Escreveu o seu primeiro poema quando tinha sete anos e dedicou-o à sua mãe.

*À minha querida mamã*

*Eis-me aqui em Portugal*
*Nas terras onde eu nasci.*
*Por muito que goste delas*
*Ainda gosto mais de ti.*

O casal Pessoa teve depois outro filho, que morreu quando ainda era pequenino. Também o Senhor Joaquim Pessoa morreu muito cedo, pois adoeceu com tuberculose, uma doença muito grave para a qual, naquele tempo, não havia remédios. O filho ficou a viver com a mãe, a avó e as criadas. Todas gostavam muito dele, mas ele estava sozinho, sem outros meninos para brincar, e começou a inventar amigos com quem conversava. Mais tarde escreveu:

*Tive sempre, desde criança, a necessidade de aumentar o mundo com personalidades fictícias, sonhos meus rigorosamente construídos, visionados com clareza fotográfica, compreendidos por dentro das suas almas. Não tinha eu mais que cinco anos, e, criança isolada e não desejando senão assim estar, já me acompanhavam algumas figuras de meu sonho – um capitão Thibeaut, um Chevalier de Pas – e outros que já me esqueceram, e cujo esquecimento, como a imperfeita lembrança daqueles, é uma das grandes saudades da minha vida.*

*Isto parece simplesmente aquela imaginação infantil que se entretém com a atribuição de vida a bonecos ou bonecas. Era porém mais: eu não precisava de bonecas para conceber intensamente essas figuras. Claras e visíveis no meu sonho constante, realidades exactamente humanas para mim, qualquer boneco, por irreal, as estragaria. Eram gente.*

Passado algum tempo, a mãe voltou a casar com um senhor que trabalhava muito longe, em África, e teve que ir viver para lá, levando o filho. Fizeram a viagem de barco até Durban, na África do Sul, país onde se fala inglês. Esta primeira viagem num navio foi uma experiência muito importante para ele e serviu para mais tarde escrever alguns dos seus poemas. Para chegar a Durban era preciso atravessar o Cabo das Tormentas, que era um marco fundamental nas aventuras marítimas dos portugueses e de que ele já teria ouvido falar. Dizia-se que havia um monstro no fundo do mar que não queria que os marinheiros chegassem ao outro lado de África. Fernando Pessoa escreveu, já adulto, um poema sobre este monstro, a quem chamou Mostrengo.

## *O Mostrengo*

*O mostrengo que está no fim do mar*
*Na noite de breu ergueu-se a voar;*
*À roda da nau voou três vezes,*
*Voou três vezes a chiar,*
*E disse, «Quem é que ousou entrar*
*Nas minhas cavernas que não desvendo,*
*Meus tectos negros do fim do mundo?»*
*E o homem do leme disse, tremendo:*
*«El-Rei D. João Segundo!»*

*«De quem são as velas onde me roço?*
*De quem as quilhas que vejo e ouço?»*
*Disse o mostrengo, e rodou três vezes,*
*Três vezes rodou imundo e grosso,*
*«Quem vem poder o que só eu posso,*
*Que moro onde nunca ninguém me visse*
*E escorro os medos do mar sem fundo?»*
*E o homem do leme tremeu, e disse:*
*«El-Rei D. João Segundo!»*

*Três vezes do leme as mãos ergueu,*
*Três vezes ao leme as reprendeu,*
*E disse no fim de tremer três vezes:*
*«Aqui ao leme sou mais do que eu:*
*Sou um Povo que quer o mar que é teu;*
*E mais que o mostrengo, que me a alma teme*
*E roda nas trevas do fim do mundo,*
*Manda a vontade, que me ata ao leme,*
*De El-Rei D. João Segundo!»*

Durban era muito diferente de Lisboa, onde Fernando vivera: grandes espaços, casas com jardins em volta e o mar, o Oceano Índico, também muito diferente do rio Tejo que banha Lisboa. Foi aí que o Fernando foi para a escola e onde aprendeu a escrever e a falar inglês. Era muito bom aluno e os professores gostavam deste menino tão interessado nos trabalhos da escola.

Entretanto a sua mãe teve mais filhos e o Fernando passou a ter companheiros para as suas partidas e brincadeiras em casa. Porém, continuou sempre a escrever histórias que inventava para se distrair com os irmãos mais novos. Mascaravam-se e faziam teatros para os pais e amigos.

*Canções para acordar crianças (poemas para Lili)*

I

*Levava eu um jarrinho*
*Pra ir buscar vinho;*
*Levava um tostão*
*Pra comprar pão;*
*E levava uma fita*
*Para ir bonita.*

*Correu atrás*
*De mim um rapaz.*
*Foi o jarro pra o chão,*
*Perdi o tostão,*
*Rasgou-se-me a fita...*
*Vejam que desdita!*

*Se eu não levasse um jarrinho*
*Pra ir buscar vinho,*
*Nem levasse um tostão*
*Pra comprar um pão,*
*Nem levasse uma fita*
*Para ir bonita,*
*Nem corresse atrás*
*De mim um rapaz*
*Para ver o que eu fazia,*
*Nada disto acontecia.*

II *Pia, pia, pia*
*O mocho*
*Que pertencia*
*A um coxo.*

*Zangou-se o coxo*
*Um dia,*
*E meteu o mocho*
*Na pia, pia, pia.*

III

*No comboio descendente*
*Vinha tudo à gargalhada,*
*Uns por verem rir os outros*
*E os outros sem ser por nada –*
*No comboio descendente*
*De Queluz à Cruz Quebrada...*

*No comboio descendente*
*Vinham todos à janela,*
*Uns calados para os outros*
*E os outros a dar-lhes trela –*
*No comboio descendente*
*Da Cruz Quebrada a Palmela...*

*No comboio descendente*
*Mas que grande reinação!*
*Uns dormindo, outros com sono,*
*E os outros nem sim nem não –*
*No comboio descendente*
*De Palmela a Portimão...*

Mais tarde, a família vem a Portugal de férias e vai passar uns tempos aos Açores, onde vivia uma parte dos parentes. É nos Açores, em Angra do Heroísmo, que Fernando começa a fazer um jornal com o seu primo Mário. O jornal chamava-se *A Batalha* e eles inventaram um nome para o director do jornal que era o Dr. Pancrácio. Fazer jornais manuscritos era para eles um grande divertimento e inventaram outros títulos e outros nomes para colaboradores.

Durante todos estes anos o Fernando foi inventando amigos e escritores imaginários e escrevia em nome deles. O primeiro a ser inventado foi o Chevalier de Pas, mas havia outros como o Quebranto Oessus e o capitão Thibeaut. Até os irmãos iam sendo «baptizados» com nomes que ele inventava. Assim continuou pela vida fora a inventar nomes para dar aos autores dos poemas que escrevia, como se esses poemas fossem escritos por outras pessoas. Quando se fala dos poemas de Fernando Pessoa está-se a falar também de Álvaro de Campos, de Bernardo Soares, de Alberto Caeiro ou de Ricardo Reis, nomes que ele criou e para os quais inventou vidas próprias. Por exemplo, o Álvaro de Campos era engenheiro naval e nascera no Algarve, em Tavira, e o Alberto Caeiro gostava de viver no campo e escreveu este poema:

*As bolas de sabão que esta criança*
*Se entretém a largar de uma palhinha*
*São translucidamente uma filosofia toda.*
*Claras, inúteis e passageiras como a Natureza.*
*Amigas dos olhos como as cousas,*
*São aquilo que são*
*Com uma precisão redondinha e aérea,*
*E ninguém, nem mesmo a criança que as deixa,*
*Pretende que elas são mais do que parecem ser.*

*Algumas mal se vêem no ar lúcido.*
*São como a brisa que passa e mal toca nas flores*
*E que só sabemos que passa*
*Porque qualquer cousa se aligeira em nós*
*E aceita tudo mais nitidamente.*

Ele escreveu, pouco antes de morrer, uma carta a um amigo, o Adolfo Casais Monteiro, onde explicava como nasceram todos estes nomes. Nessa carta dizia que a tendência para inventar nomes não tinha passado com a infância, *desenvolveu-se na adolescência, radicou-se com o crescimento dela, tornou-se finalmente a forma natural do meu espírito.*

Fernando Pessoa terminou o liceu em Durban e depois veio para Lisboa, para a Universidade, continuar os estudos. Para regressar a Portugal teve de viajar de novo num navio. Naquele tempo os navios eram movidos a vapor e até lhes chamavam os «vapores» e as viagens demoravam muitos dias. Para passar o tempo as pessoas divertiam-se a bordo, fazendo festas e organizando passatempos. Por outro lado, como os navios não eram tão sofisticados como agora, as máquinas eram muito grandes e eram precisos muitos marinheiros para os manobrar. Durante as tempestades no mar, os barcos abanavam muito e o temor apoderava-se dos passageiros.

Estas viagens, feitas para a África do Sul e para regressar a Lisboa, podem ter inspirado um dos poemas mais conhecidos que o Fernando Pessoa escreveu, assinando com o nome de Álvaro de Campos: a *Ode Marítima.* É um poema muito longo, cheio de imagens de portos e terras distantes, descrevendo a vida dos marinheiros e dos cais onde os navios param, onde ele mistura imagens muito reais com os seus sentimentos e recordações. Começa muito devagarinho, com o poeta sentado sozinho no cais, e vai adquirindo um ritmo acelerado, acabando a trazer ao pensamento do poeta as recordações de infância.

## *Ode Marítima*

*Sozinho, no cais deserto, a esta manhã de Verão,*
*Olho prò lado da barra, olho prò Indefinido,*
*Olho e contenta-me ver,*
*Pequeno, negro e claro, um paquete entrando.*
*Vem muito longe, nítido, clássico à sua maneira.*
*Deixa no ar distante atrás de si a orla vã do seu fumo.*
*Vem entrando, e a manhã entra com ele, e no rio,*
*Aqui, acolá, acorda a vida marítima,*
*Erguem-se velas, avançam rebocadores,*
*Surgem barcos pequenos de trás dos navios que estão no porto.*
.......................................
*Mas todo este tempo não estive a reparar para nada.*
*Tudo isto foi uma impressão só da pele, como uma carícia.*
*Todo este tempo não tirei os olhos do meu sonho longínquo,*
*Da minha casa ao pé do rio,*
*Da minha infância ao pé do rio,*
*Das janelas do meu quarto dando para o rio de noite,*
*E a paz do luar esparso nas águas!...*
*Minha velha tia, que me amava por causa do filho que perdeu...,*
*Minha velha tia costumava adormecer-me cantando-me*
*(Se bem que eu fosse já crescido de mais para isso)...*

*Lembro-me e as lágrimas caem sobre o meu coração e lavam-o da vida,*
*E ergue-se uma leve brisa marítima dentro de mim.*
*Às vezes ela cantava a «Nau Catrineta»:*

*Lá vai a Nau Catrineta*
*Por sobre as águas do mar...*

*E outras vezes, numa melodia muito saudosa e tão medieval,*
*Era a «Bela Infanta»... Relembro, e a pobre velha voz ergue-se dentro de mim*
*E lembra-me que pouco me lembrei dela depois, e ela amava-me tanto!*
*Como fui ingrato para ela – e afinal que fiz eu da vida?*
*Era a «Bela Infanta»... Eu fechava os olhos, e ela cantava:*

*Estando a Bela Infanta*
*No seu jardim assentada...*

*Eu abria um pouco os olhos e via a janela cheia de luar*
*E depois fechava os olhos outra vez, e em tudo isto era feliz.*

*Estando a Bela Infanta*
*No seu jardim assentada,*
*Seu pente de ouro na mão,*
*Seus cabelos penteava...*

*Ó meu passado de infância, boneco que me partiram!*

*Não poder viajar pra o passado, para aquela casa e aquela afeição,*
*E ficar lá sempre, sempre criança e sempre contente!*
*.....................................*

Mas o que ele mais gostava de fazer era escrever e ler, e depressa deixou a faculdade para começar a fazer a sua própria editora, que é uma empresa que publica livros. Como a avó dele tinha, entretanto, morrido e lhe tinha deixado como herança uma quantia importante, decide comprar uma tipografia a que chamou *Íbis*, para publicar os livros de que gostava. Até à sua namorada, ele, às vezes, chamava Íbis. *Íbis* é também o título de um poema que Fernando Pessoa escreveu:

*A Íbis*

*A íbis, a ave do Egipto*
*Pousa sempre sobre um pé*
*O que é*
*Esquisito.*
*É uma ave sossegada,*
*Porque assim não anda nada.*

A *Íbis* durou muito pouco tempo. Pessoa deixou de ter a editora, mas continuou a fazer revistas, como a *Orpheu*, que durou pouco, tendo colaborado ainda noutras, como a *Contemporânea* ou a *Portugal Futurista*.

Para ganhar a vida, Fernando Pessoa trabalhava em escritórios a escrever cartas em inglês e a fazer traduções. Mas isto não era coisa de que gostasse muito.

*Liberdade*

*Ai que prazer*
*Não cumprir um dever,*
*Ter um livro para ler*
*E não o fazer!*
*Ler é maçada.*
*Estudar é nada.*
*O sol doira*
*Sem literatura.*

*O rio corre bem ou mal,*
*Sem edição original.*
*E a brisa, essa,*
*De tão naturalmente matinal,*
*Como tem tempo não tem pressa...*

*Livros são papéis pintados com tinta.*
*Estudar é uma coisa em que está indistinta*
*A distinção entre nada e coisa nenhuma.*

*Quanto é melhor, quando há bruma,*
*Esperar por D. Sebastião,*
*Quer venha ou não!*

*Grande é a poesia, a bondade e as danças...*
*Mas o melhor do mundo são as crianças,*
*Flores, música, o luar e o sol, que peca*
*Só quando, em vez de criar, seca.*

*O mais do que isto*
*É Jesus Cristo,*
*Que não sabia nada de finanças*
*Nem consta que tivesse biblioteca...*

Do que ele gostava mesmo era de se encontrar nos cafés com os artistas e poetas seus amigos e, acima de tudo, de escrever os seus poemas. Escreveu poemas muito longos, como a *Ode Marítima*, mas também quadras, que são poemas curtinhos, só com quatro versos e quase sempre a rimar. Rimar é terminar cada verso com palavras que acabem da mesma maneira, com os mesmos sons.

*O meu amor é pequeno,*
*Pequenino não o acho.*
*Uma pulga deu-lhe um coice,*
*Deitou-o da cama abaixo.*

*Lua de prata de leite*
*Que tens um ar de amarela,*
*Quem foi que te pôs de enfeite*
*Ao céu, se não és estrela?*

*Aquela senhora velha*
*Que fala com tão bom modo*
*Parece ser uma abelha*
*Que nos diz: «não incomodo».*

*Tome lá, minha menina,*
*O ramalhete que fiz.*
*Cada flor é pequenina*
*Mas tudo junto é feliz.*

Se virmos com atenção, as rimas aparecem também em poemas maiores

## *A Fada das Crianças*

*Do seu longínquo reino cor-de-rosa,*
*Voando pela noite silenciosa,*
*A fada das crianças vem, luzindo.*
*Papoulas a coroam, e, cobrindo*
*Seu corpo todo, a tornam misteriosa.*

*À criança que dorme chega leve,*
*E, pondo-lhe na fronte a mão de neve,*
*Os seus cabelos de ouro acaricia –*
*E sonhos lindos, como ninguém teve,*
*A sentir a criança principia.*

*E todos os brinquedos se transformam*
*Em coisas vivas, e um cortejo formam:*
*Cavalos e soldados e bonecas,*
*Ursos e pretos, que vêm, vão e tornam,*
*E palhaços que tocam em rabecas…*

*E há figuras pequenas e engraçadas*
*Que brincam e dão saltos e passadas...*
*Mas vem o dia, e, leve e graciosa,*
*Pé ante pé, volta a melhor das fadas*
*Ao seu longínquo reino cor-de-rosa.*

Quando a mãe regressou de África, Fernando Pessoa foi morar com ela e a irmã para Campo de Ourique. Nessa casa ficou durante quinze anos e aí escreveu grande parte dos seus poemas, como estes, muito diferentes, que podes ler a seguir:

*Tenho uma grande constipação,*
*E toda a gente sabe como as grandes constipações*
*Alteram todo o sistema do universo,*
*Zangam-nos contra a vida,*
*E fazem espirrar até à metafísica.*
*Tenho o dia perdido cheio de me assoar.*
*Dói-me a cabeça indistintamente.*
*Triste condição para um poeta menor!*
*Hoje sou verdadeiramente um poeta menor.*
*O que fui outrora foi um desejo; partiu-se.*

*Adeus para sempre, rainha das fadas!*
*As tuas asas eram de sol, e eu cá vou andando.*
*Não estarei bem se não me deitar na cama.*
*Nunca estive bem senão deitando-me no universo.*
*Excusez du peu... Que grande constipação física!*
*Preciso de verdade e de aspirina.*

Mas não escrevia só em português. Fez poemas em inglês e alguns em francês. Claro que com tanta imaginação a sua obra se reveste de muitas facetas.

*Do vale à montanha,*
*Da montanha ao monte,*
*Cavalo de sombra,*
*Cavaleiro monge,*
*Por casas, por prados,*
*Por quinta e por fonte,*
*Caminhais aliados.*

*Do vale à montanha,*
*Da montanha ao monte,*
*Cavalo de sombra,*
*Cavaleiro monge,*
*Por penhascos pretos,*
*Atrás e defronte,*
*Caminhais secretos.*

*Do vale à montanha,*
*Da montanha ao monte,*
*Cavalo de sombra,*
*Cavaleiro monge,*
*Por plainos desertos*
*Sem ter horizontes,*
*Caminhais libertos.*

*Do vale à montanha,*
*Da montanha ao monte,*
*Cavalo de sombra,*
*Cavaleiro monge,*
*Por ínvios caminhos,*
*Por rios sem ponte,*
*Caminhais sozinhos.*

*Do vale à montanha,*
*Da montanha ao monte,*
*Cavalo de sombra,*
*Cavaleiro monge,*
*Por quanto é sem fim,*
*Sem ninguém que o conte,*
*Caminhais em mim.*

As pessoas que conheceram Fernando Pessoa dizem que ele gostava de crianças e que, nas festas de amigos ou da família, podia ficar muito entretido com os miúdos a contar--lhes histórias que inventava. Para os filhos de uns amigos escreveu o poema Pial.

## *Poema Pial*

*Toda a gente que tem as mãos frias*
*Deve metê-las dentro das pias.*

*Pia número UM,*
*Para quem mexe as orelhas em jejum.*

*Pia número DOIS,*
*Para quem bebe bifes de bois.*

*Pia número TRÊS,*
*Para quem espirra só meia vez.*

*Pia número QUATRO,*
*Para quem manda as ventas ao teatro.*

*Pia número CINCO,*
*Para quem come a chave do trinco.*

*Pia número SEIS,*
*Para quem se penteia com bolos-reis.*

*Pia número SETE,*
*Para quem canta até que o telhado se derrete.*

*Pia número OITO,*
*Para quem parte nozes quando é afoito.*

*Pia número NOVE,*
*Para quem se parece com uma couve.*

*Pia número DEZ,*
*Para quem cola selos nas unhas dos pés.*

*E, como as mãos já não estão frias,*
*Tampa nas pias!*

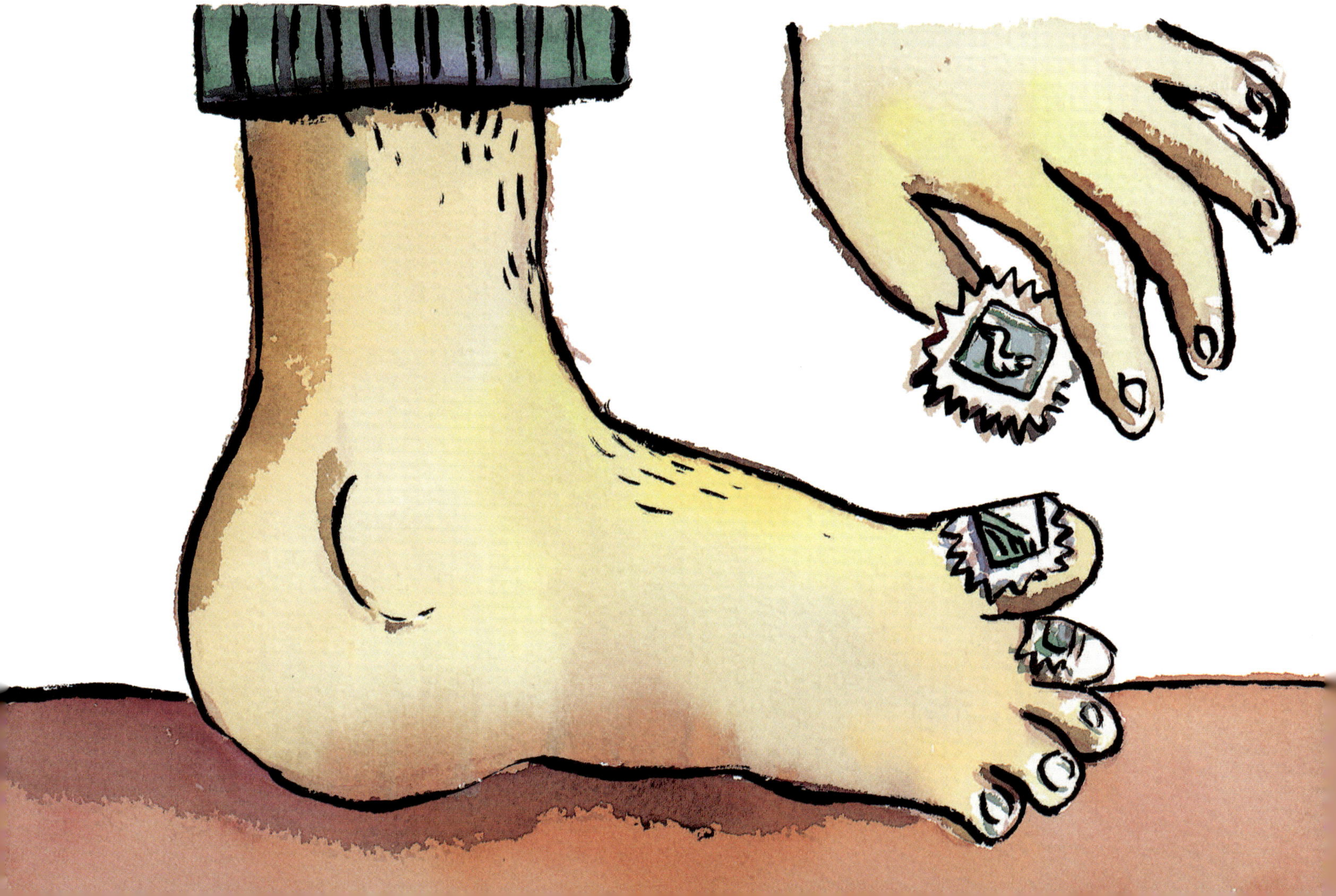

Fernando Pessoa nunca se casou nem teve filhos. Gostava tanto da vida livre de escritor, dedicava tanto tempo à sua poesia que preferiu ficar solteiro. Mas a família foi crescendo com o casamento da irmã e o nascimento dos sobrinhos. Foi a pensar na sobrinha Manuela, a quem ele chamava Mimi, que ele escreveu o poema do menino que tinha caracóis nos cabelos.

## *Havia um Menino*

*Havia um menino,*
*que tinha um chapéu*
*para pôr na cabeça*
*por causa do sol.*

*Em vez de um gatinho*
*tinha um caracol.*
*Tinha o caracol*
*dentro de um chapéu;*
*fazia-lhe cócegas*
*no alto da cabeça.*

*Por isso ele andava*
*depressa, depressa*
*pra ver se chegava*
*a casa e tirava*
*o tal caracol*
*do chapéu, saindo*
*de lá e caindo*
*o tal caracol.*

*Mas era, afinal,*
*impossível tal,*
*nem fazia mal*
*nem vê-lo, nem tê-lo:*
*porque o caracol*
*era do cabelo.*

E contava-lhe a história do Soba de Bicá

*O Soba de Bicá*

*O soba de Bicá,*
*maravilhoso gajo,*
*usava um admirável trajo*
*– que era feito de pele e coisa nenhuma.*

*Um dia o soba, coitado,*
*sentou-se por descuido em cima de uma brasa.*
*Em vez de gritar: «Ai as minhas calças uhhh!...»*
*Gritou ele, esquecendo o trajo:*
*«Ai... minha fisionomia contrária».*

Foi assim toda a vida de Fernando Pessoa: escrever poemas. Hoje é conhecido e reconhecido no mundo inteiro. Dizem que é um génio do século XX.